Querida mamá

por Susan Blackaby

ilustrado por
David Austin Clar

Scott Foresman

Oficinas editoriales: Glenview, Illinois • New York, New York
Ventas: Reading, Massachusetts • Duluth, Georgia
Glenview, Illinois • Carrollton, Texas • Menlo Park, California

Matt pateó la pelota con mucha energía dentro de la casa. La lámpara salió volando.

Las herramientas se cayeron. El ruido se escuchó en todo el vecindario. Matt decidió escribirle a su mamá.

Querida mamá:

Lo siento, la lámpara tiene un hoyo grande. Limpié todo con la escoba.

Con amor,

Matt

Querida mamá:

Siento lo de la mesa y el pez. Usé la escoba para limpiar.

Con amor,
Matt

Querida mamá:

Siento lo de las herramientas. Ya las recogí.

Con amor,
Matt

Querida mamá:
¡Nunca más jugaré con la pelota en la casa! ¡Jugaré en el vecindario!
Con amor,
Matt

Querido Matt:
¡Muy bien!
Con amor,
Mamá